Piano • Vocal • Guitar

SALSA!

ISBN 0-634-01349-1

HAL•LEONARD®
CORPORATION
7777 W. BLUEMOUND RD. P.O. BOX 13819 MILWAUKEE, WI 53213

Visit Hal Leonard Online at
www.halleonard.com

ABRAN PASO

Words and Music by
ISMAEL MIRANDA

su co-pa y con su es-pa-da, _____ pa-ra a-li-viar-le de __ to-do

Cm

D.C. al Coda

mal.

CODA G7

trai - go yer-ba bue - na, _____ yo
trai - go me jo - ra - na, _____ yo

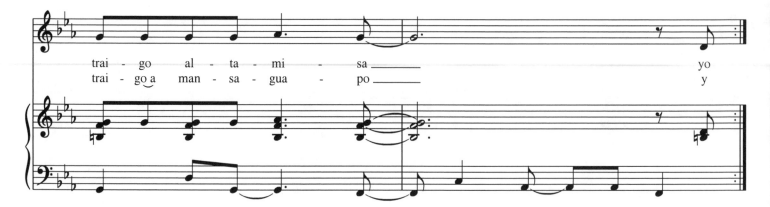

trai - go al - ta - mi - sa _____ yo
trai - go a man - sa - gua - po _____ y

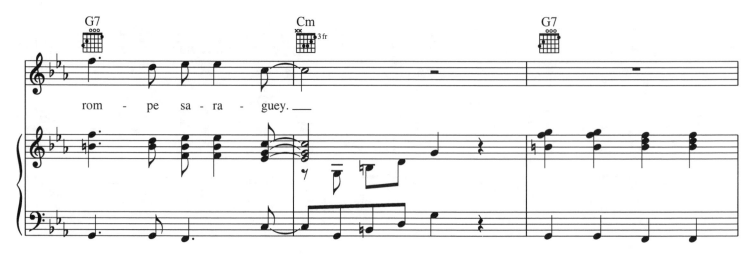

rom - pe sa - ra - guey. _____

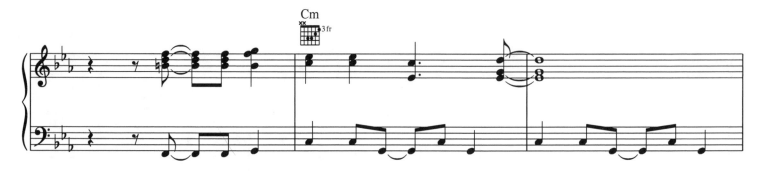

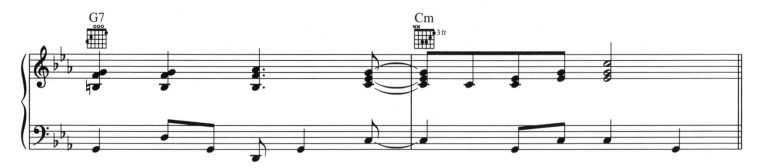

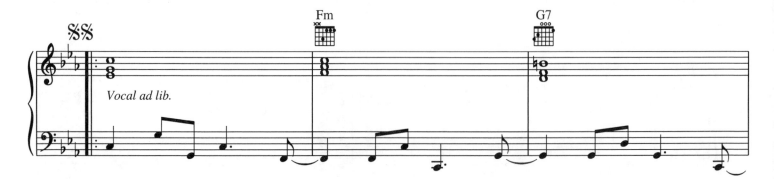

Vocal ad lib.

A - bran pa - so, _____

a - bran pa - so. _____

To Coda II

D.S.S. al Coda II

CODA II

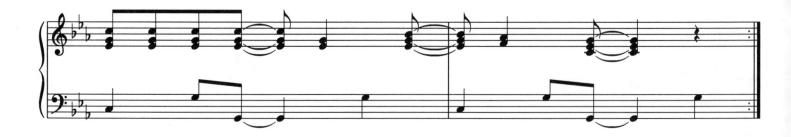

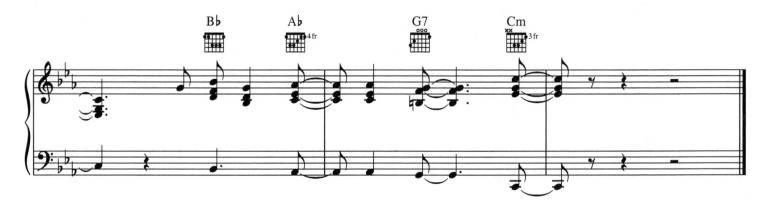

Additional Lyrics

2. Abran paso... abran paso!
   Que ya vengo bien caliente
   Con Santa Bárbara a mi lado
   Con su copa y su espada
   Venimos para aliviarle de todo mal

3. Abran paso... abran paso!
   Miren lo que yo les traigo
   Yo traigo yerba buena,
   Yo traigo altamisa,
   Yo traigo mejorana,
   Yo traigo amansaguapo,
   Yo traigo rompe saraguey.

BORINQUEN TIENE MONTUNO

Words and Music by
ISMAEL MIRANDA

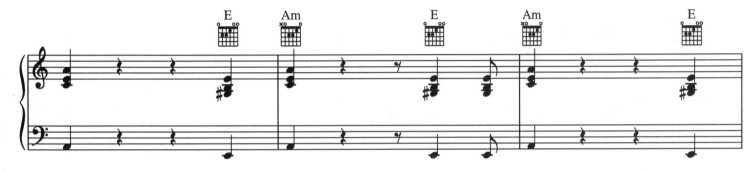

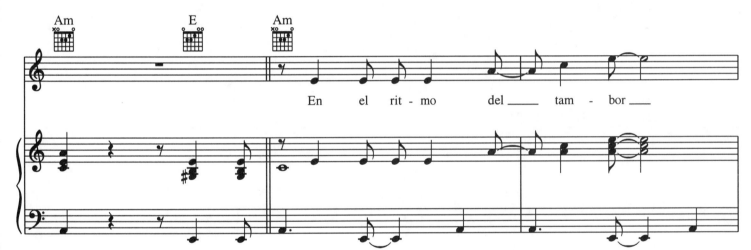

En el rit - mo del ___ tam - bor ___

y el re - pi - que del ___ bon - gó ___ fué don - de na - ció ___

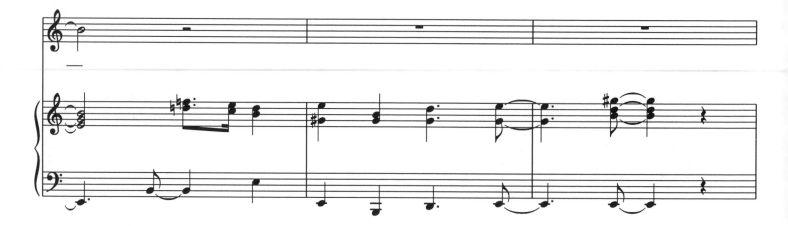

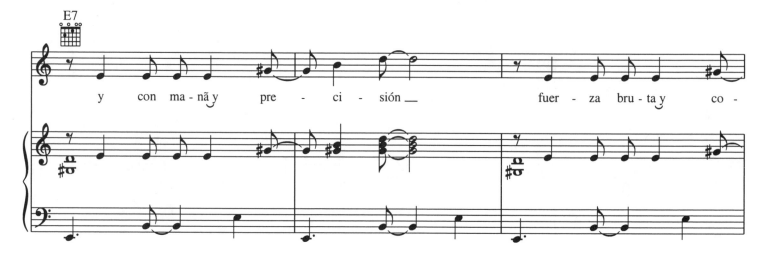

y con ma - ña y pre - ci - sión ___ fuer - za bru - ta y co -

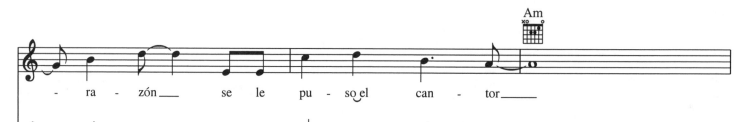

- ra - zón ___ se le pu - so el can - tor ___

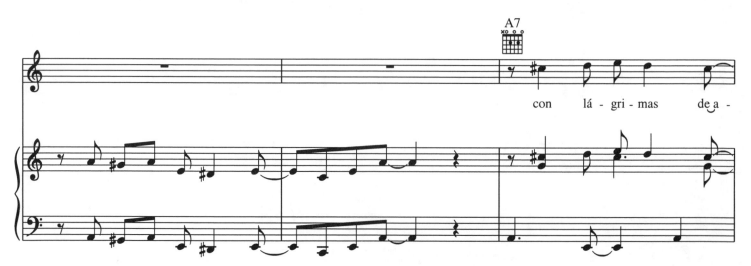

con lá - gri - mas de a -

- le - grí - a las vo - ces res - plan - de - cí - an

re - pi - tien - do mi __ la - men - to __

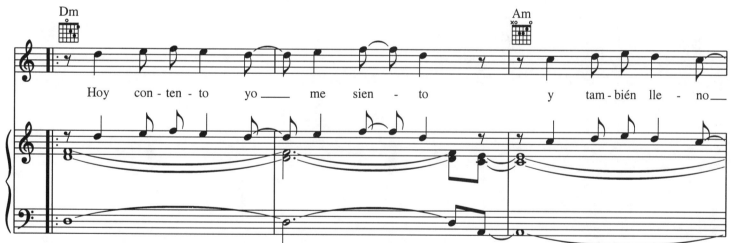

Hoy con - ten - to yo __ me sien - to y tam - bién lle - no __

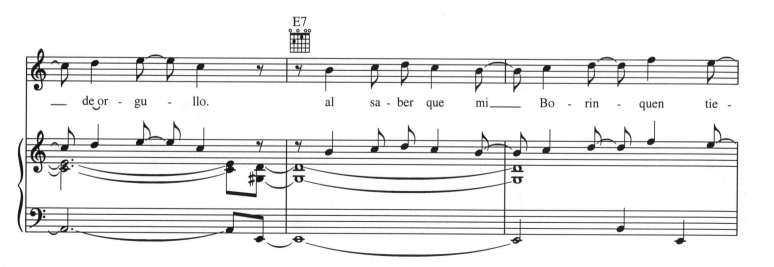

__ de or - gu - llo. al sa - ber que mi __ Bo - rin - quen tie -

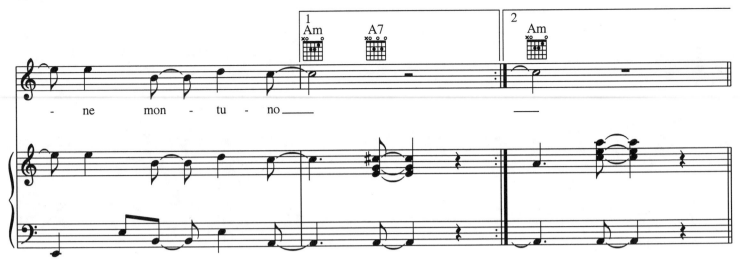

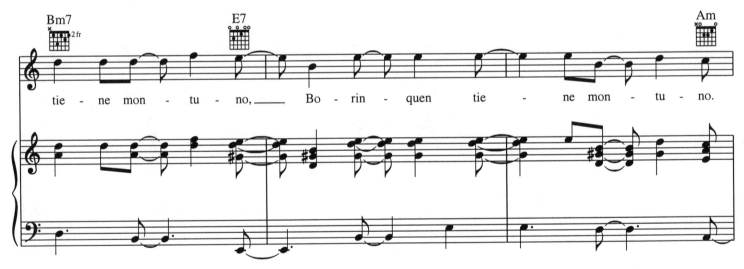

- ne mon - tu - no.

Repeat ad lib.

AHORA VENGO YO

Words and Music by RICHIE RAY
and BOBBY CRUZ

Cuan-do yo es-ta-ba en New York, ___ la gen-te me cri-

-ti-ca-ba y a-ho-ra co-mo es-to-y

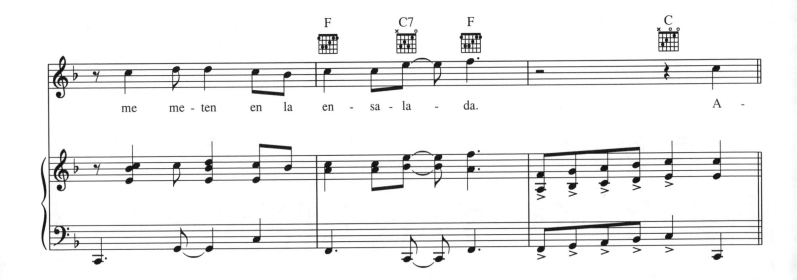

me me-ten en la en-sa-la-da. A-

Repeat ad lib.

ho - ra ven - go yo, _____ a - ho - ra ven - go yo, _____ a -

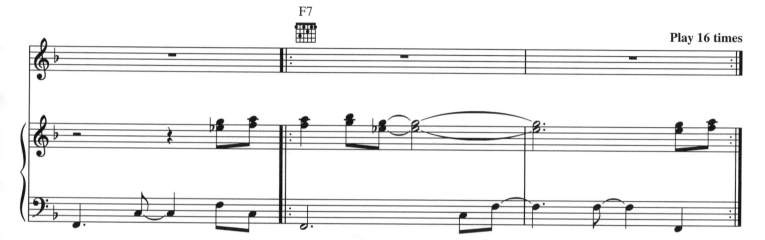

Play 16 times

A - ho - ra ven - go yo, _____ a -

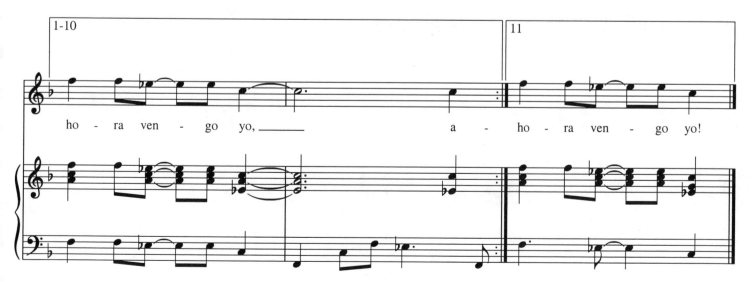

ho - ra ven - go yo, _____ a - ho - ra ven - go yo!

AL IMPULSO

Words and Music by
ANGEL LEBRON

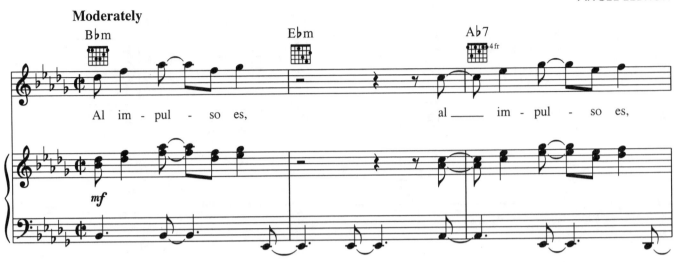

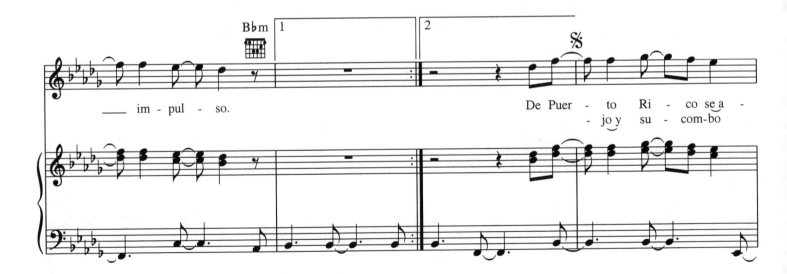

pre - cia la bom - ba, por - que a - llá fué don - de na - ció,
to - can la bom - ba, y el Gran Com - bo no se que - da a trás, y a -

To Coda ⊕

ho - ra no - so - tros tra - e - mo u - na bom - ba, ___ al im - pul - so.

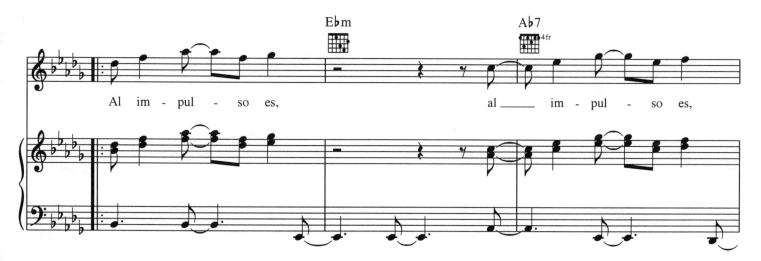

Al im - pul - so es, al ___ im - pul - so es,

al ___ im - pul - so se bai - la es - ta bom - ba, al ___

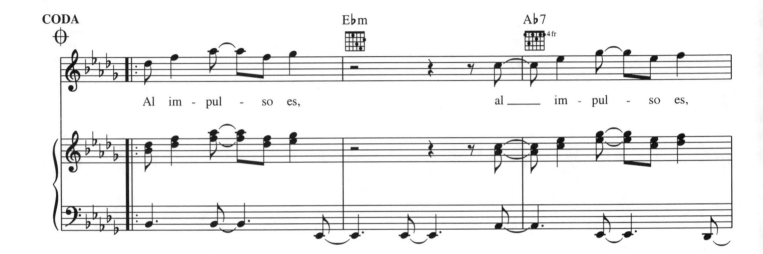

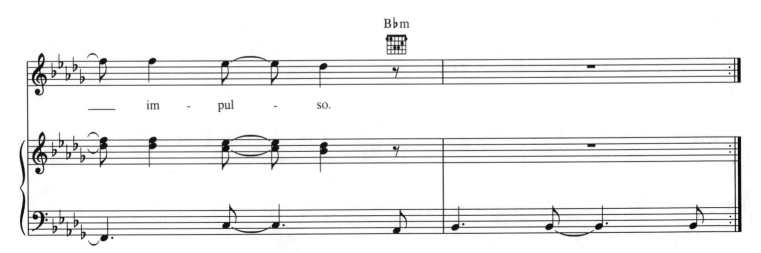

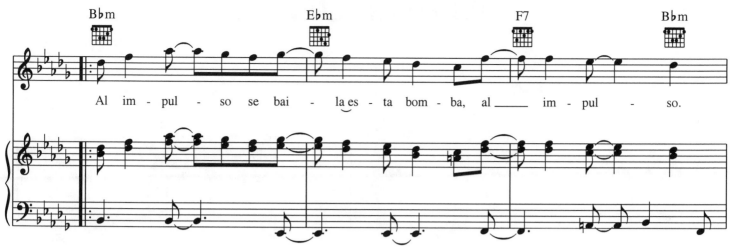

Al im-pul - so se bai - la es-ta bom-ba, al___ im-pul - so.

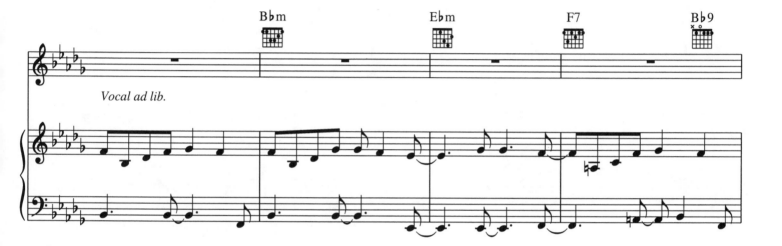

Vocal ad lib.

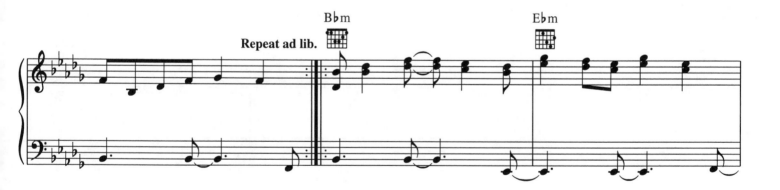

Repeat ad lib.

ANACAONA

Words and Music by
C. CURET ALONSO

Moderately bright

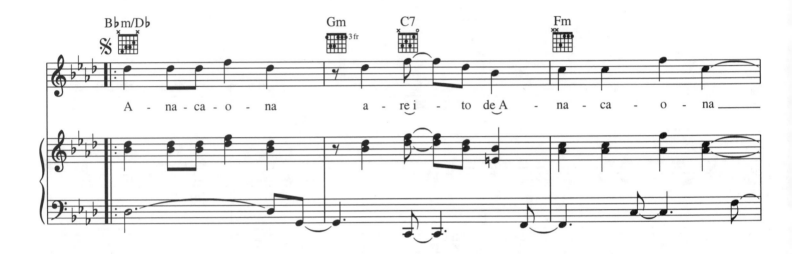

A - na - ca - o - na   a - rei - to de A - na - ca - o - na _____

To Coda ⊕

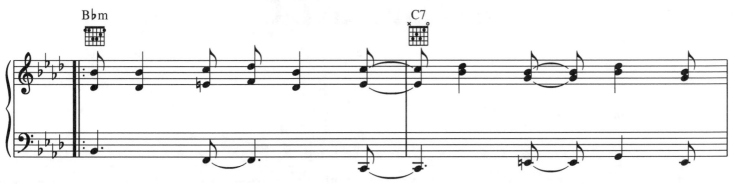

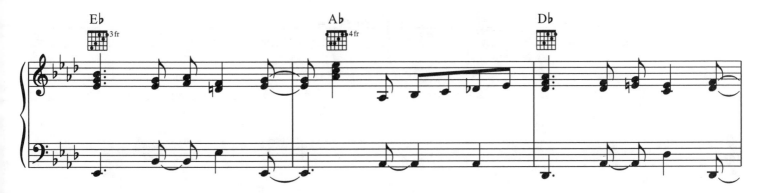

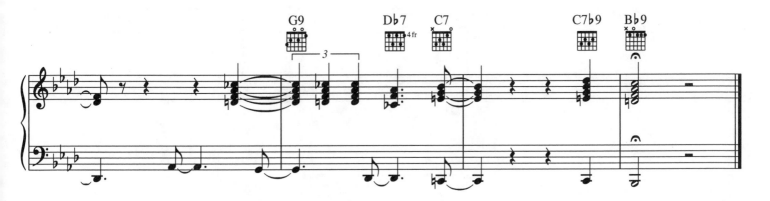

COCINANDO

Words and Music by
RAY BARRETTO

Co-ci-nan-do sua-ve, ___ pu-chun-ga, co-ci-

nan - do,   co-ci-

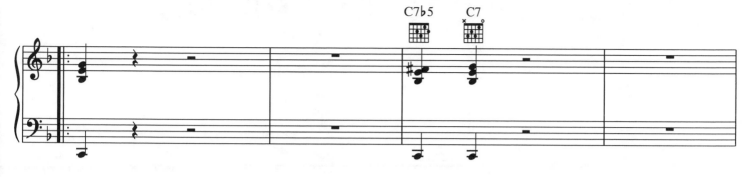

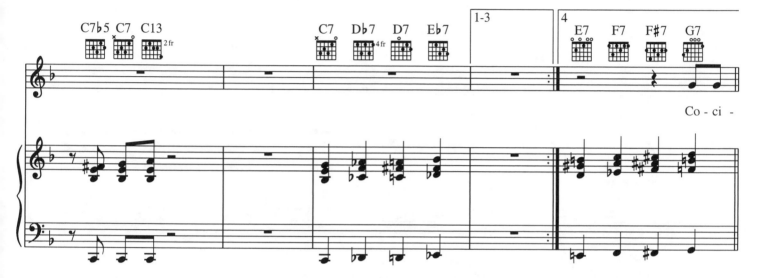

Co - ci -

nan - do,   co - ci -

DAME UN CACHITO PA' HUELÉ

Words and Music by
ARSENIO RODRÍGUEZ

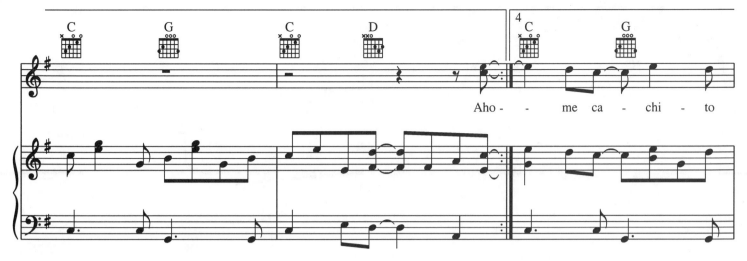

Aho - - me ca - chi - to

pa' hue - lé. ___ Aho - ra que ma - má no es tá a - quí. ___ Aho -

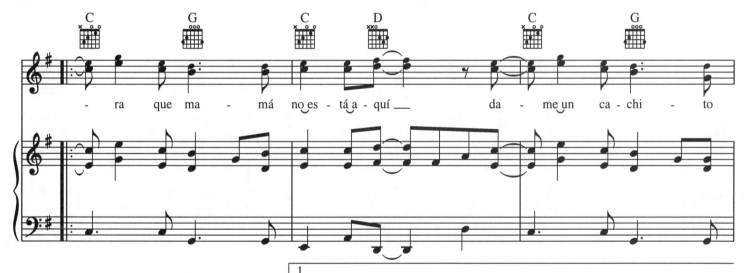

- ra que ma - má no es tá a - quí __ da - me un ca - chi - to

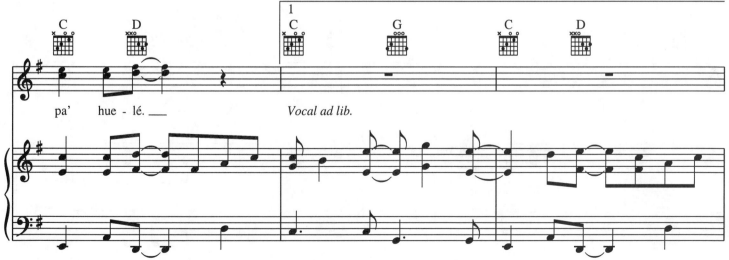

pa' hue - lé. ___ *Vocal ad lib.*

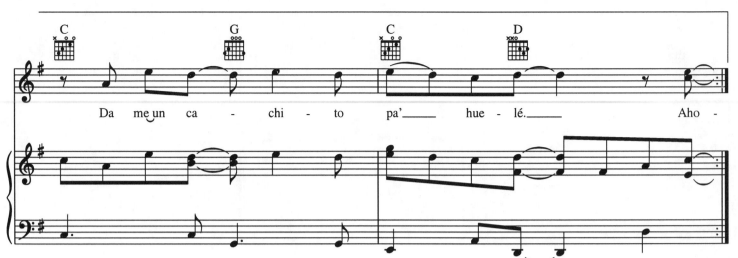

Da - me un ca - chi - to pa'___ hue - lé.___ A ho -

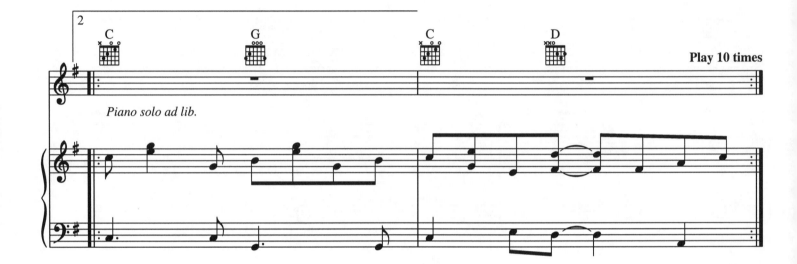

Piano solo ad lib.

Play 10 times

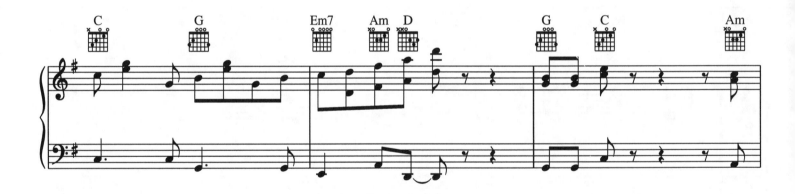

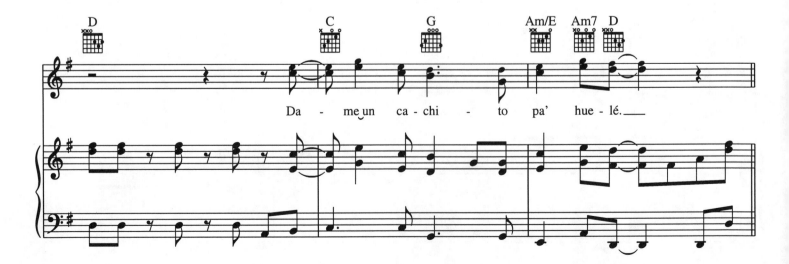

Da - me un ca - chi - to pa' hue - lé.___

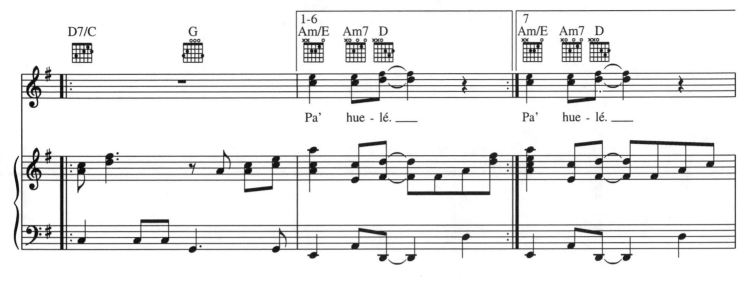

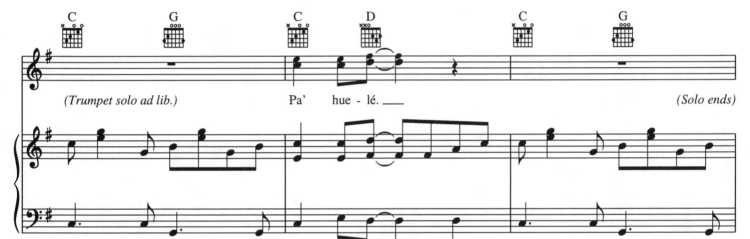

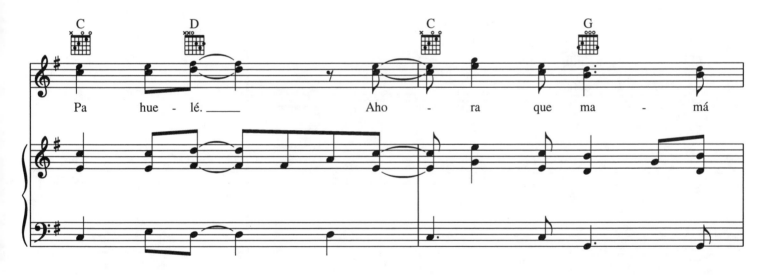

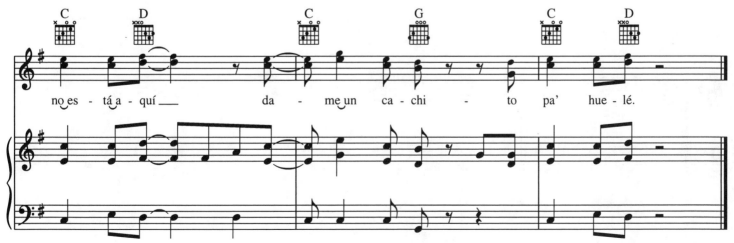

EL CAZANGERO

Words and Music by
RUBEN BLADES

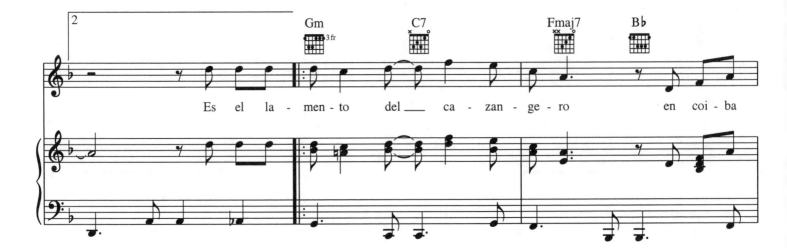

Es el la - men - to del ___ ca - zan - ge - ro en coi - ba

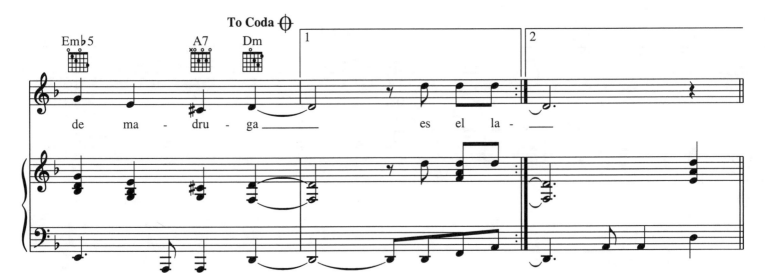

de ma - dru - ga _____ es el la - ___

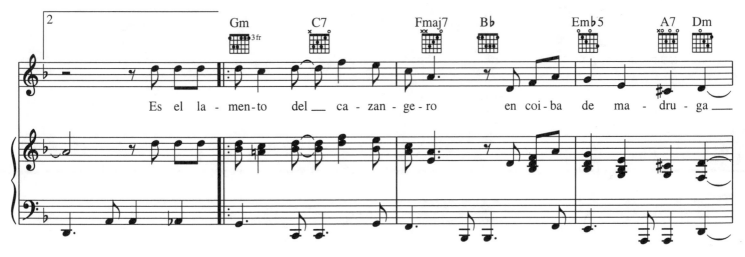

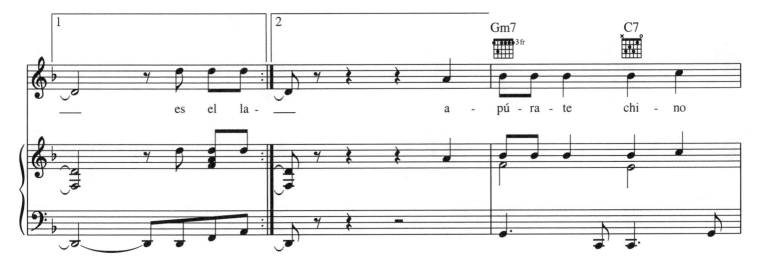

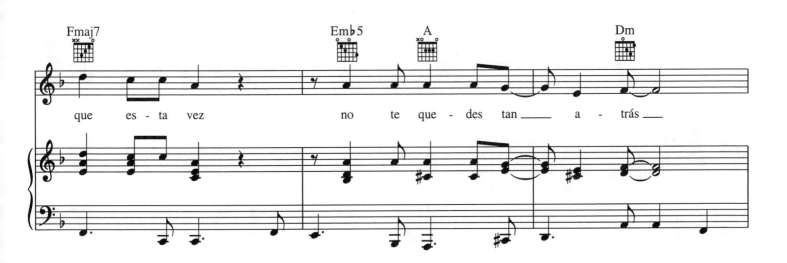

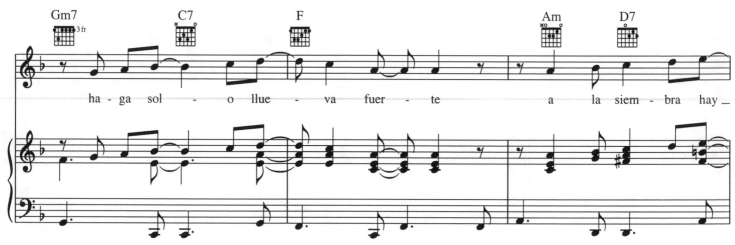

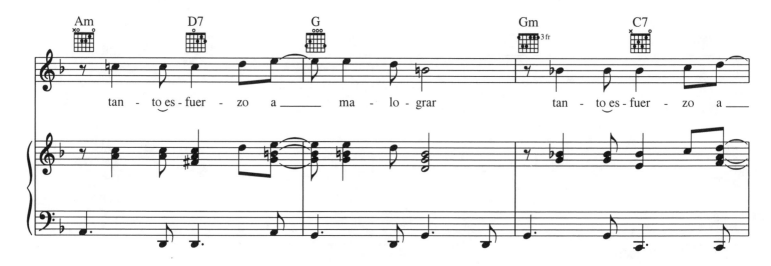

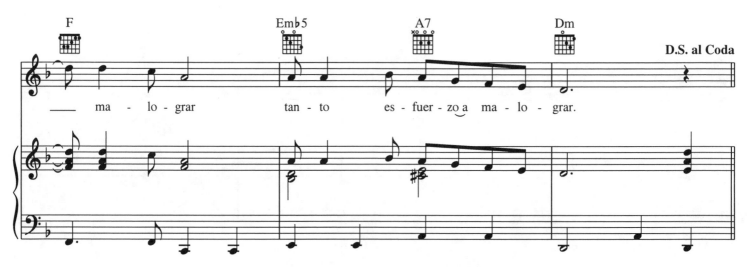

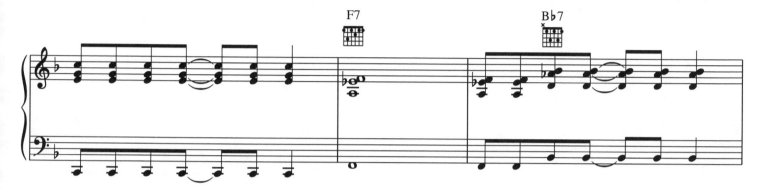

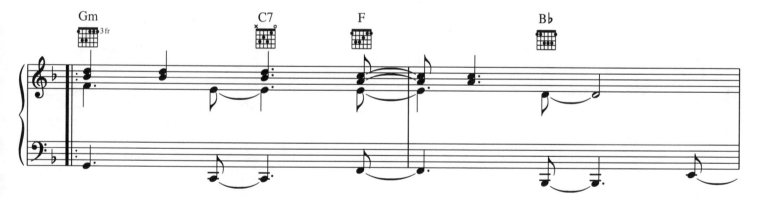

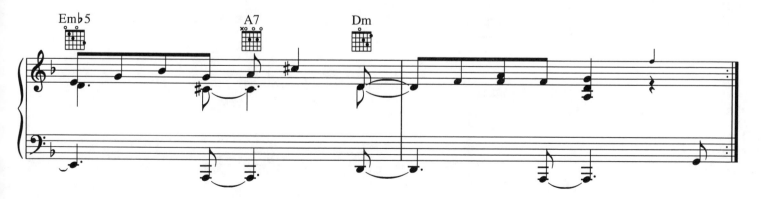

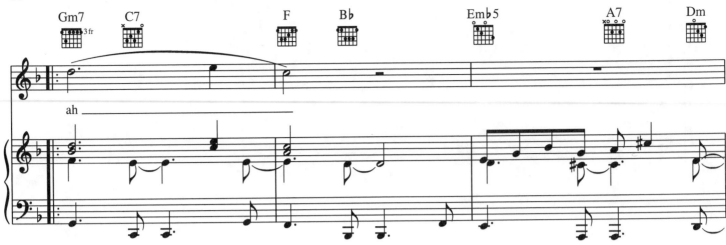

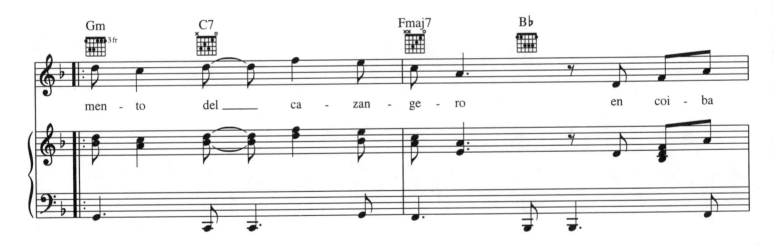

EL TUMBAO Y CELIA

Words and Music by
JOHNNY PACHECO

sue - ño que nun - ca pen - sé se me lo gra - rí - a.

Ah

ay _____ que di - cho - so soy,

ya lle - gó mi dí - a. Es mi

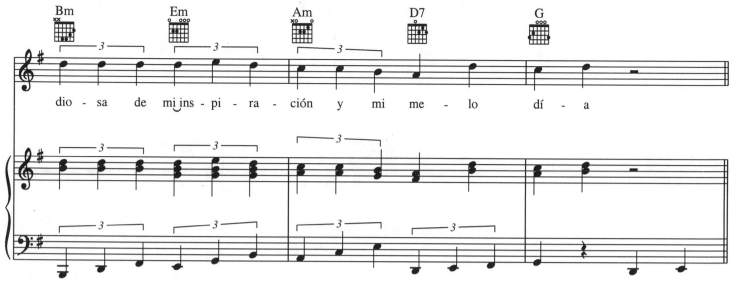

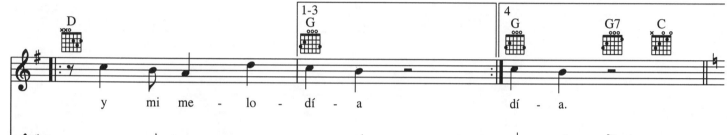

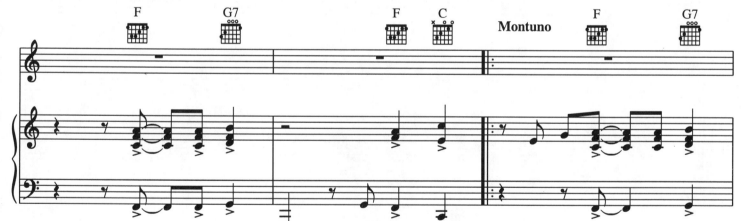

HURACÁN

Words and Music by
C. CURET ALONSO

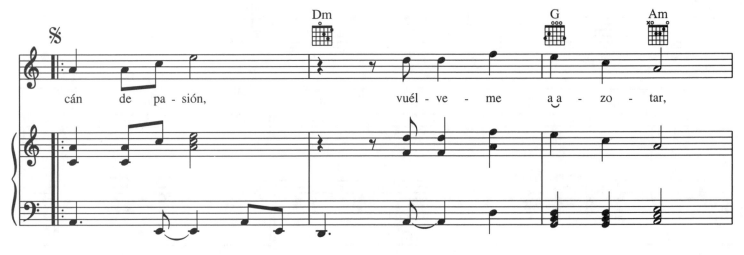

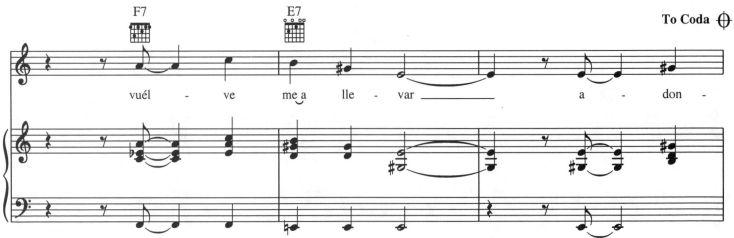

de e - lla es - tá. _____ Hu - ra - _____

no pue - do ya _____ con - e - sa in -

gra - ti - tud, _____ le ten - go ___ que de - cir _____

ca - ra a ca - ra _____ que _ no la quie - ro mas

D.S. al Coda

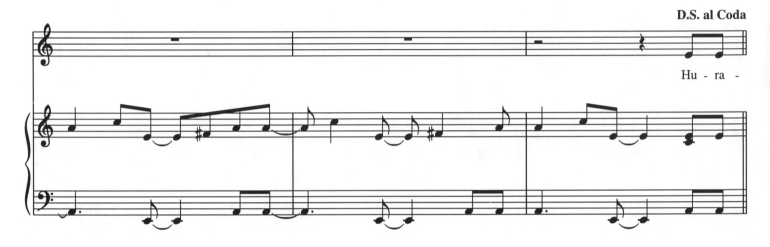

Hu - ra -

CODA

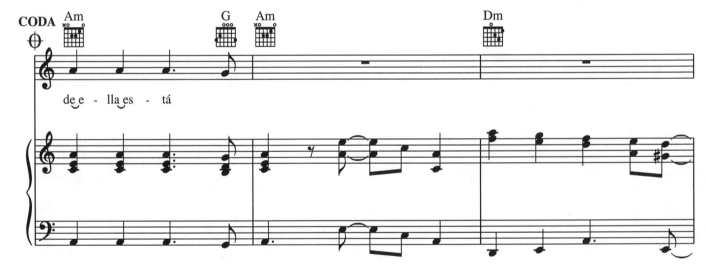

de e - lla es - tá

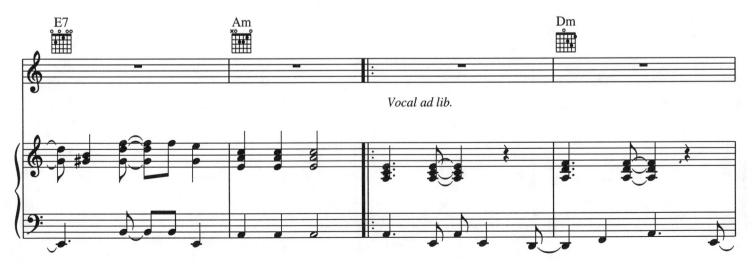

Vocal ad lib.

INDESTRUCTIBLE

Words and Music by RAY BARRETTO
and JOSEPH ROMAN

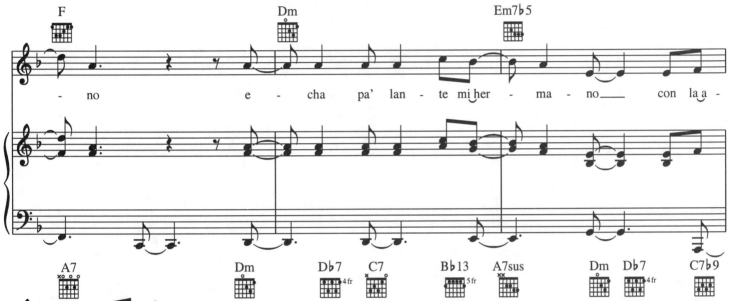

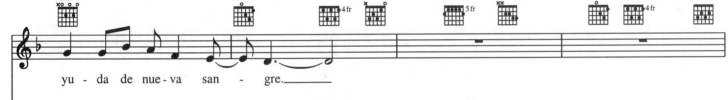

40

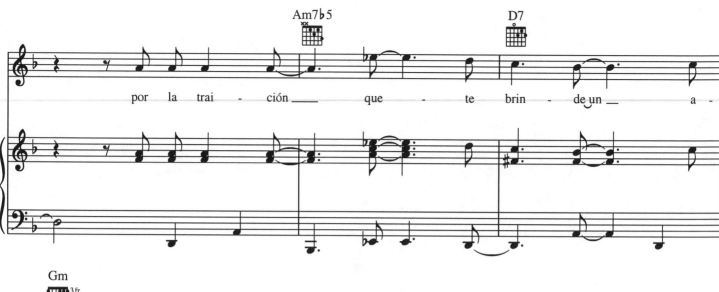

por la trai - ción ___ que ___ te brin - de un ___ a -

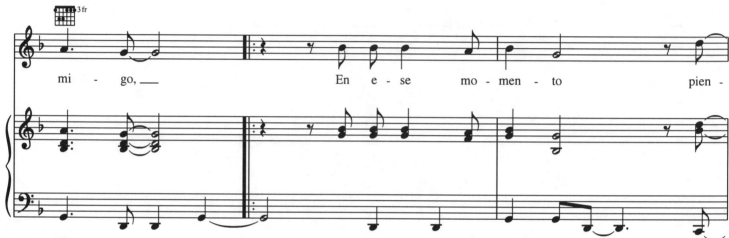

mi - go, ___ En e - se mo - men - to pien -

- sa que to - do es po - si - ble y ___ con san - gre nue - va,

es - tá la ___ fuer - za ___ in - des - truc - ti - ble. ___

JUANA PEÑA

Words and Music by WILLIE COLÓN
and HECTOR LAVOE

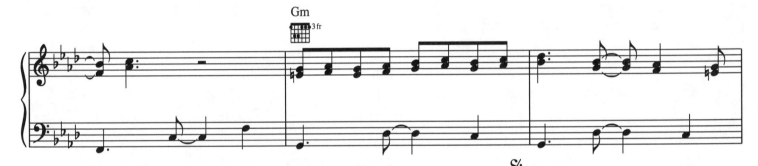

E - lla e - ra u - na mu - jer que a mu - chos hom -
a - ños co - mo la nie -

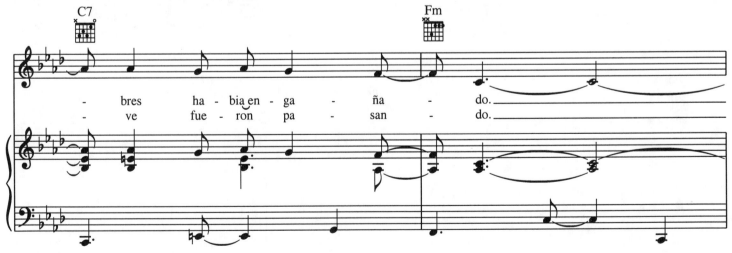

- bres ha - bia en - ga - ña - do. _____
- ve fue - ron pa - san - do. _____

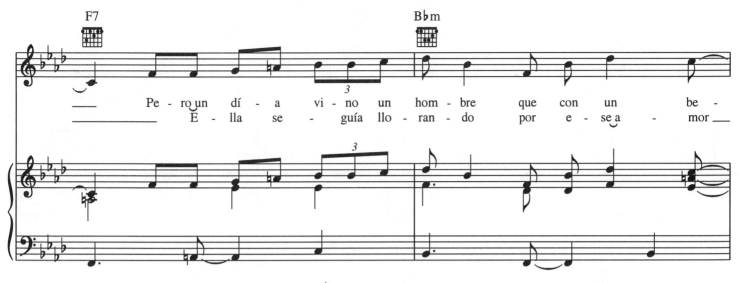

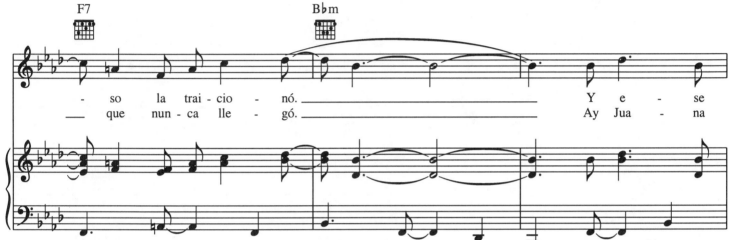

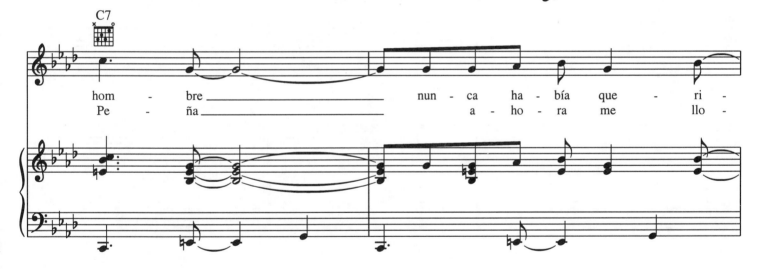

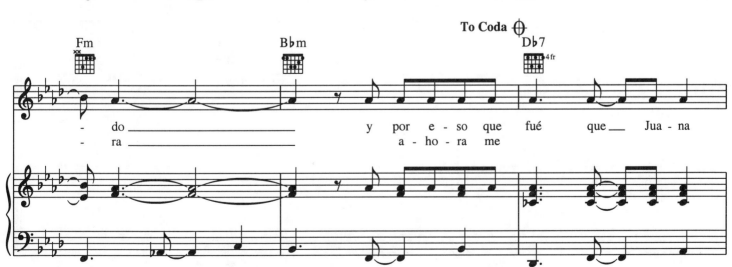

D.S. al Coda

LA MURGA

Words and Music by WILLIE COLÓN
and HECTOR LAVOE

NÚMERO 6

Words and Music by
RUBEN BLADES

To Coda

seis,   el nú - me - ro seis,

seis,   el nú - me - ro seis,

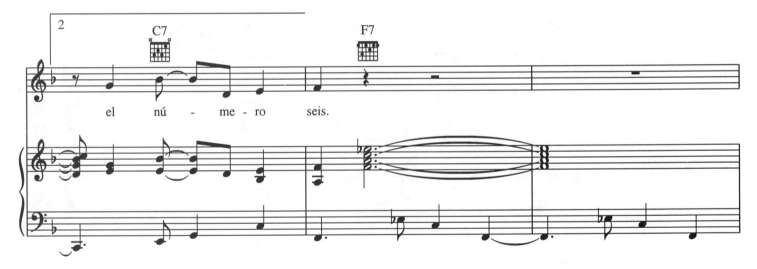

Que

el nú - me - ro seis.

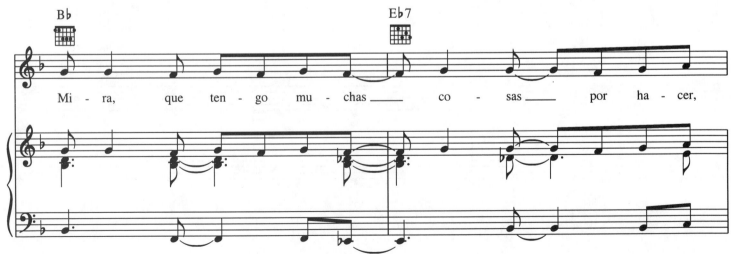

Mi - ra,   que ten - go mu - chas ___ co - sas ___ por ha - cer,

ir a ca - sa a co - mer,

y ver a la mu - jer.

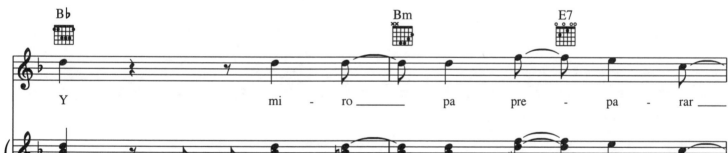

Y mi - ro ____ pa pre - pa - rar ____

____ por - que es - ta no - che ____

yo me voy a rum - biar.   A

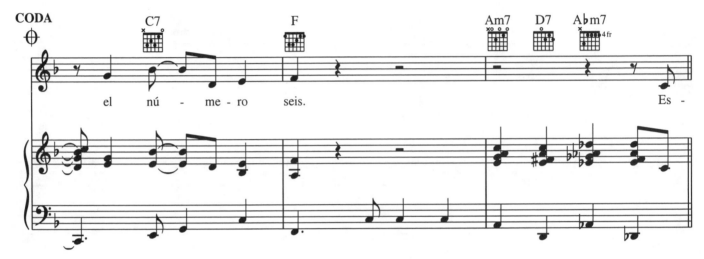

CODA

el nú - me - ro seis.   Es -

Monturo

toy es - per - an - do el sub - way   nú - me - ro seis.

LA VIDA ES UN SUEÑO

Words and Music by
ARSENIO RODRÍGUEZ

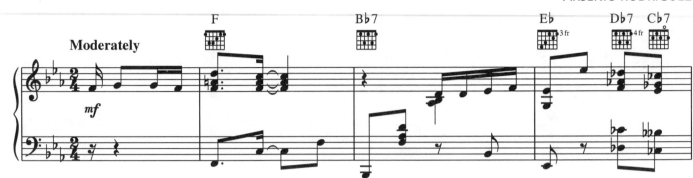

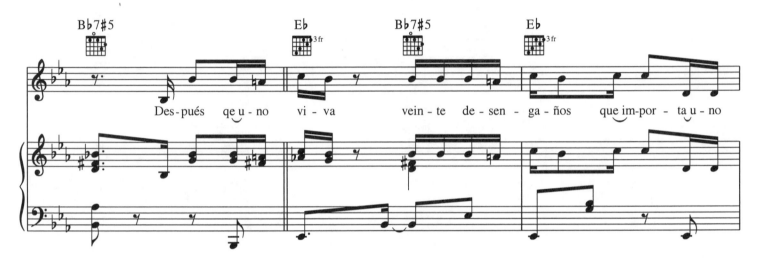

Des-pués qe u-no vi-va vein-te de-sen-ga-ños que im-por-ta u-no

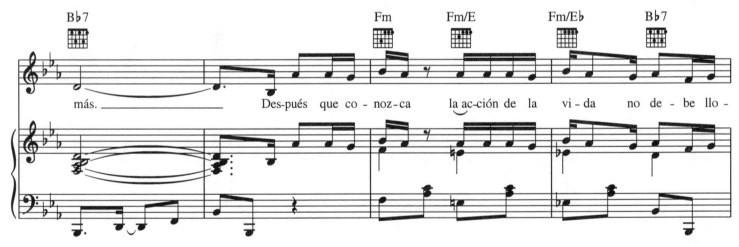

más. _____ Des-pués que co-noz-ca la ac-ción de la vi-da no de-be llo-

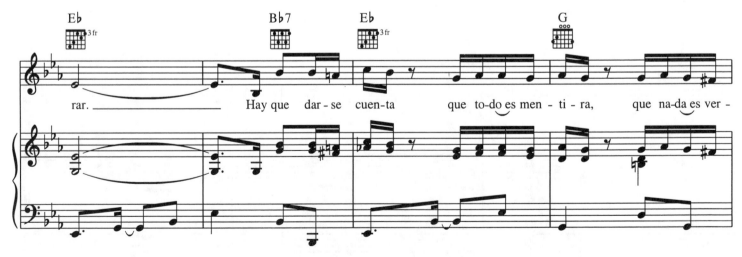

rar. _____ Hay que dar-se cuen-ta que to-do es men-ti-ra, que na-da es ver-

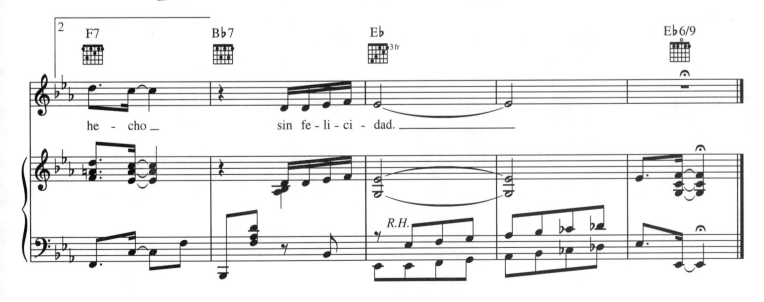

LOS KIMBOS

Words and Music by
ROBERTO RODRIGUEZ

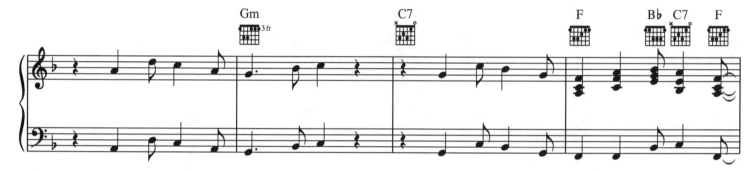

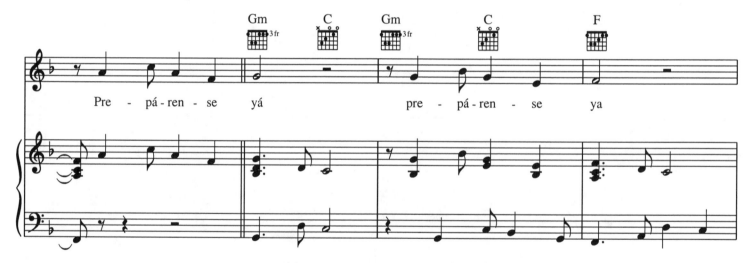

Pre - pá - ren - se yá   pre - pá - ren - se ya

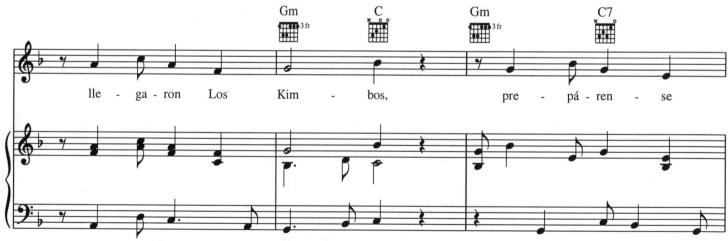

lle - ga - ron Los Kim - bos,   pre - pá - ren - se

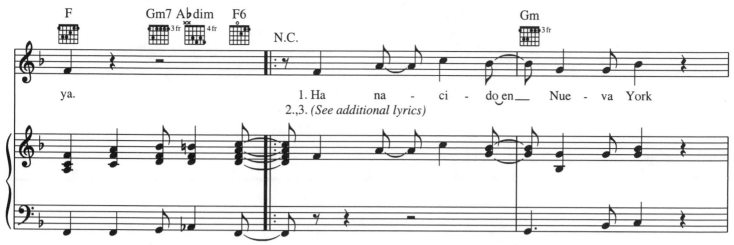

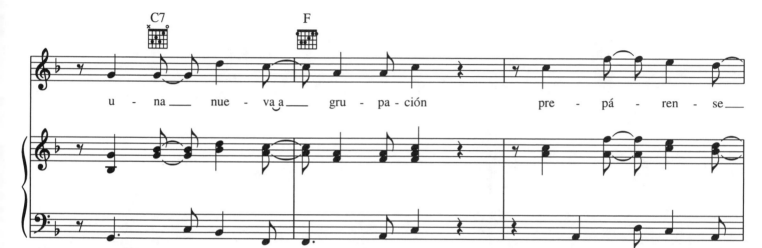

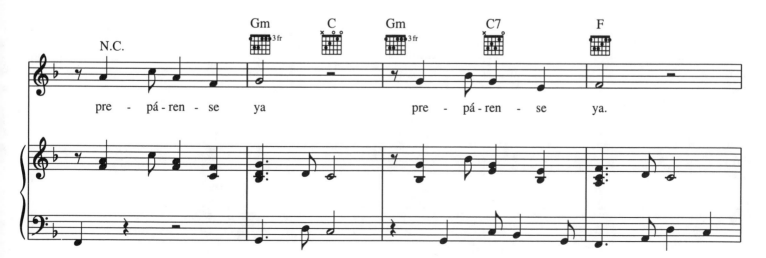

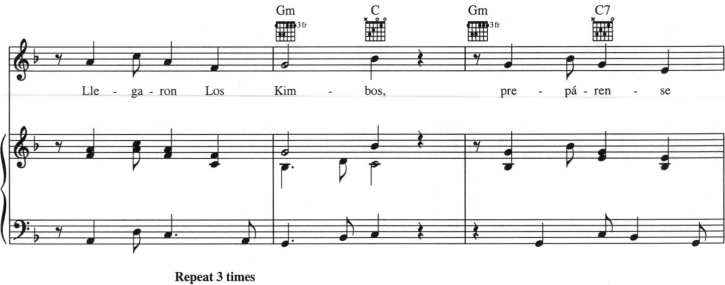

Lle - ga - ron Los Kim - bos, pre - pá - ren - se

Repeat 3 times

ya   Vi - va Bo - rin - quen,

vi - va Quis - que - ya   vi -

- van Los Kim - bos   y ____ Cu - ba be - lla. ____

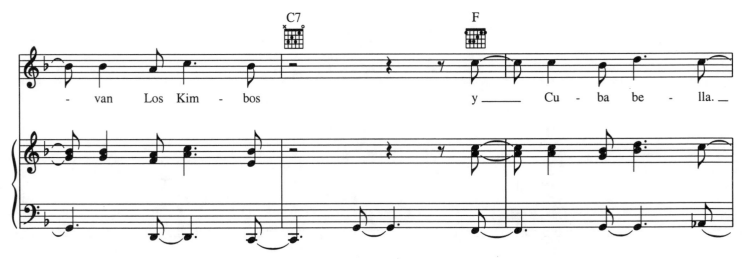

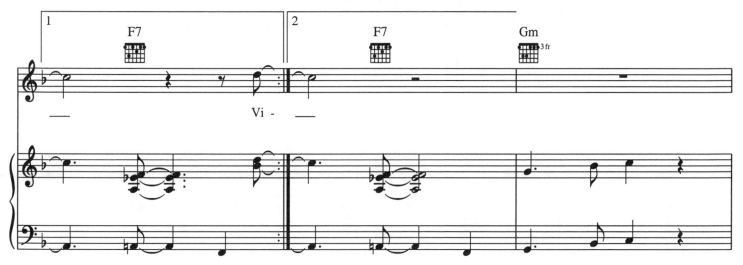

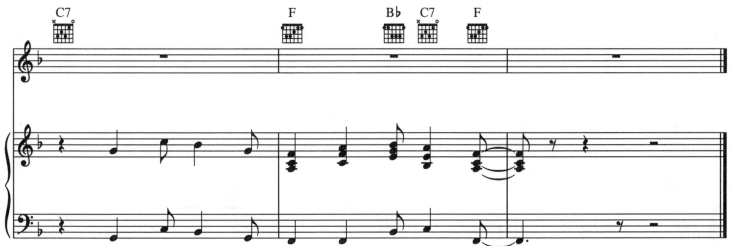

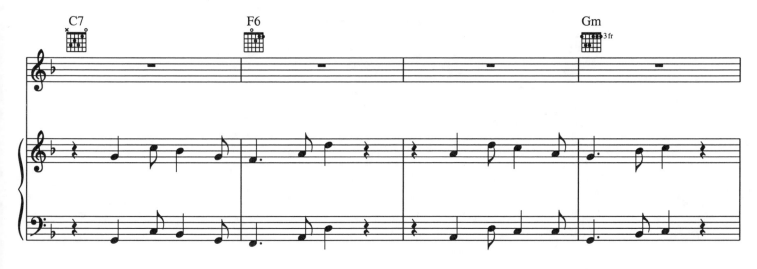

Additional Lyrics

2. Esta es una selección de boricuas y cubanos
Italo dominicanos y todos somos her manos.

3. Esta nueva agrupación en una cooperativa
Y todos con emoción trabajamos en unión.

LOS TAMALITOS DE OLGA

Words and Music by
JOSÉ FAJARDO

Moderately fast

Ol - ga la ___ ta - ma - le - ra,   co - ci - na que ___ se pa - só

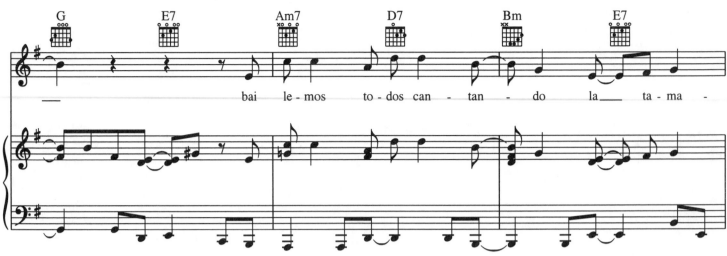

bai - le - mos to - dos can - tan - do la__ ta - ma -

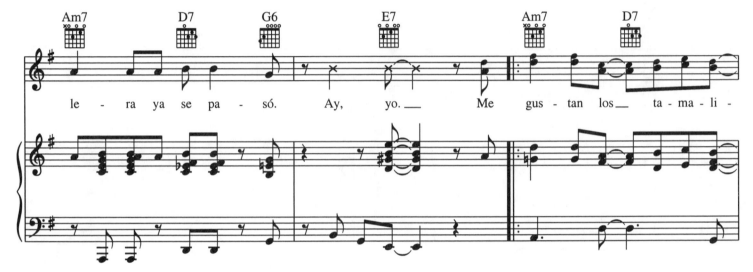

le - ra ya se pa - só. Ay, yo.__ Me gus - tan los__ ta - ma - li -

- tos, los ta - ma - li - tos que ven - de Ol - ga, Ol - ga.

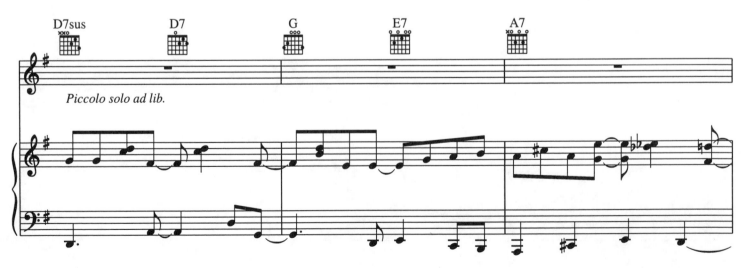

Piccolo solo ad lib.

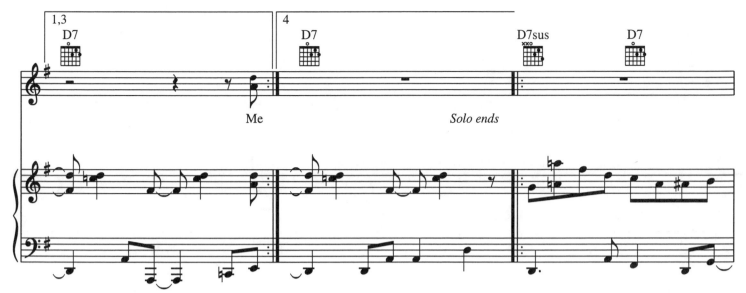

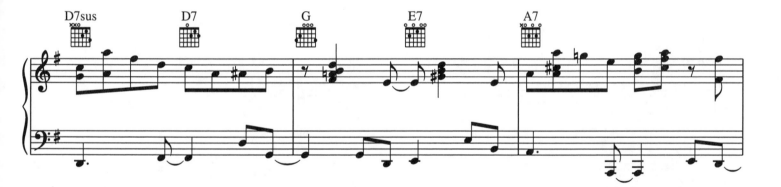

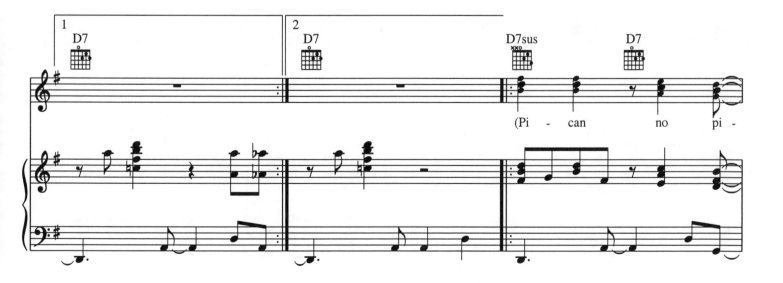

-can   los ta-ma-li-tos   de Ol - ga,   Ol - ga.

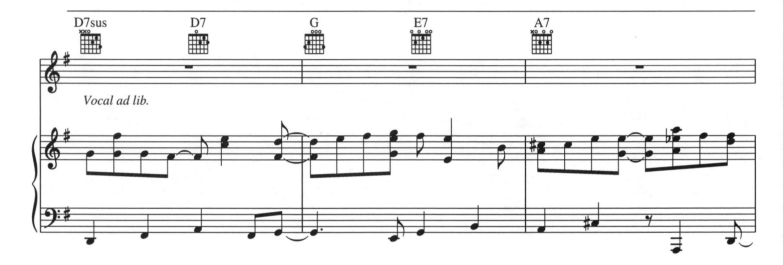

Vocal ad lib.

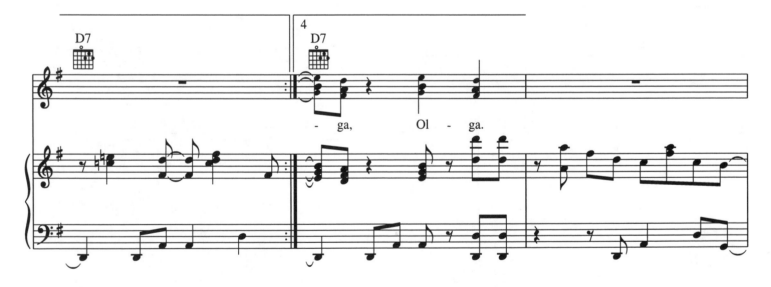

- ga,   Ol - ga.

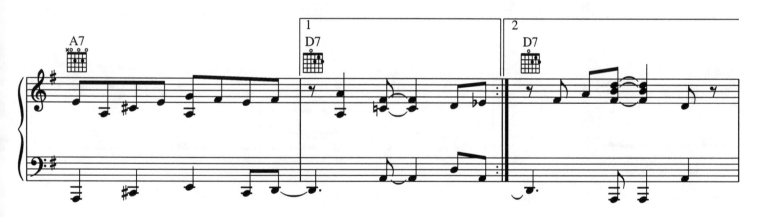

MI GENTE

Words and Music by
JOHNNY PACHECO

Moderately

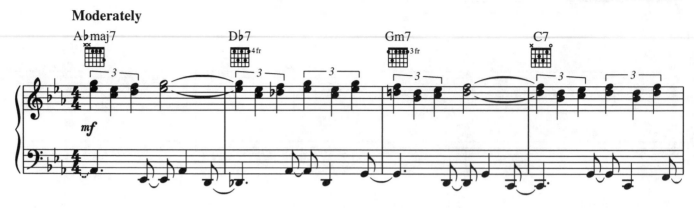

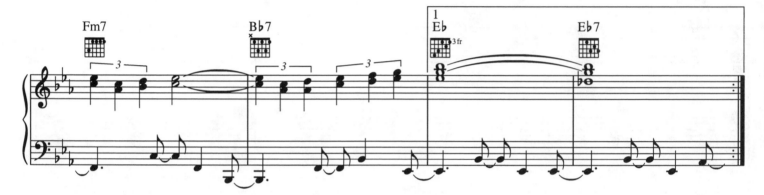

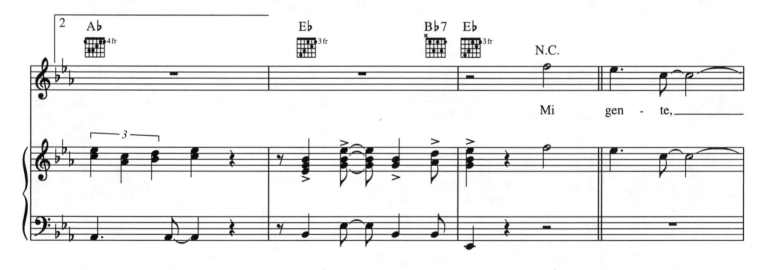

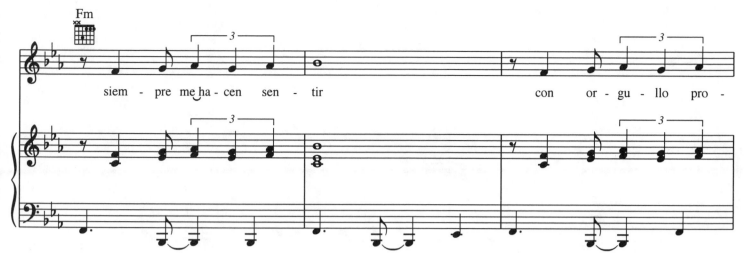

siem - pre me ha - cen sen - tir   con or - gu - llo pro -

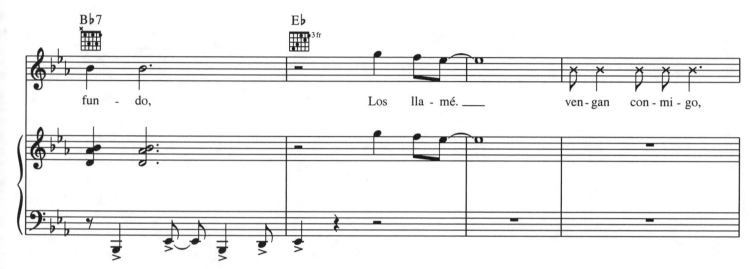

fun - do,   Los lla - mé. ___   ven - gan con - mi - go,

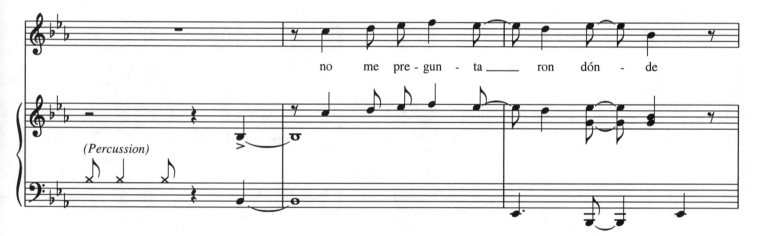

no me pre - gun - ta ___ ron dón - de

(Percussion)

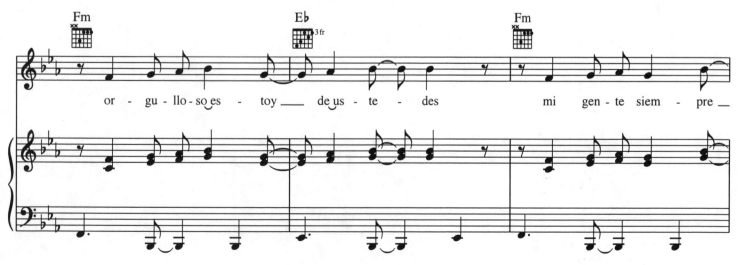

or - gu - llo - so es - toy ___ de us - te - des   mi gen - te siem - pre ___

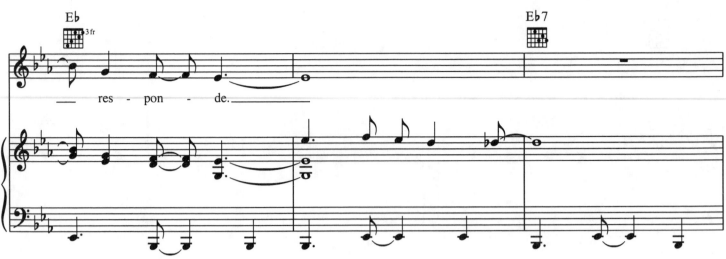

res - pon - de.

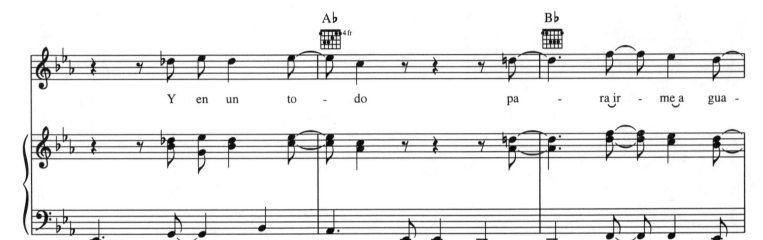

Y en un to - do pa - ra ir - me a gua -

- ra - char, __ co - mo soy - de us - te - des

yo lo'in - vi - ta - ré a - go - zar, __ con - mi - go sí, pa -

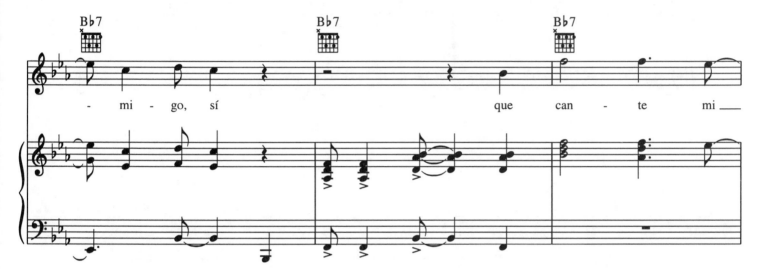

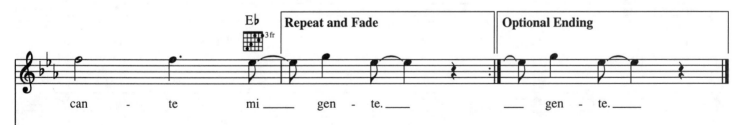

NI HABLAR...NO WAY

Words and Music by
ANAM MUNAR

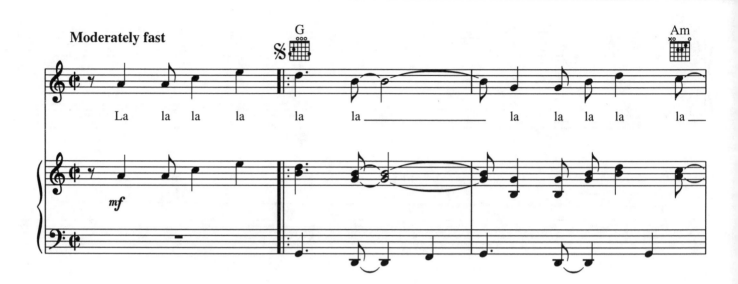

La la la la la la ____ la la la la la __

la la la la la la __ la

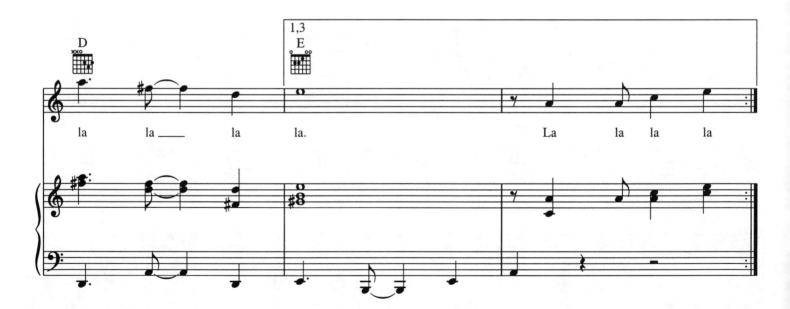

la la __ la la. La la la la

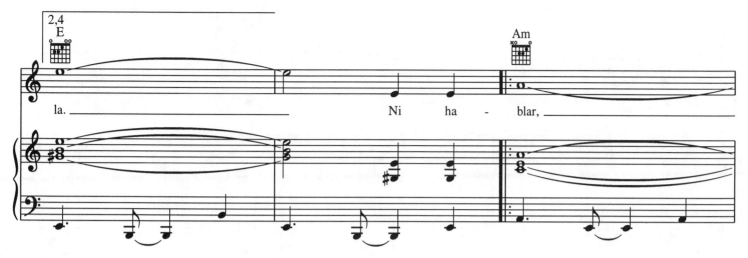

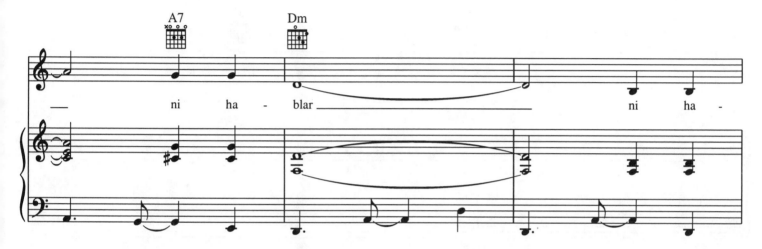

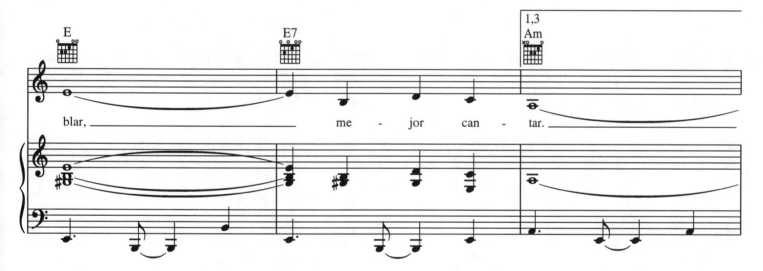

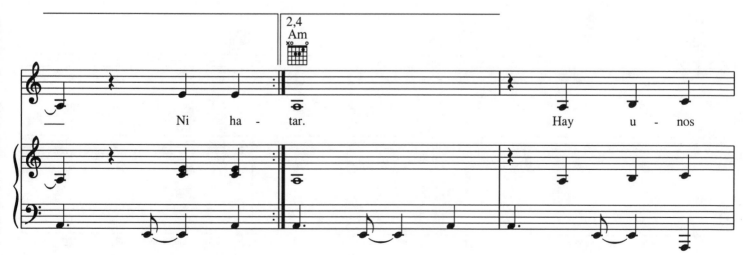

75

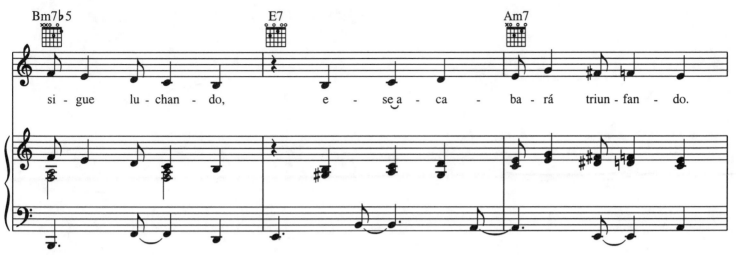

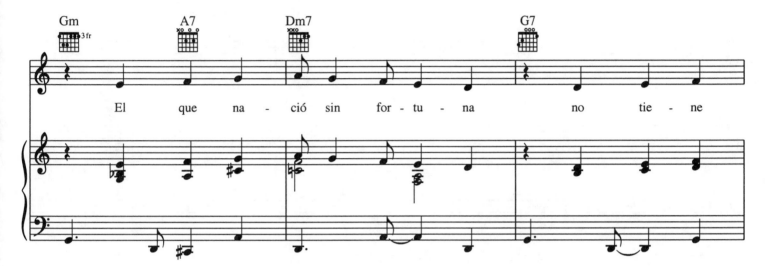

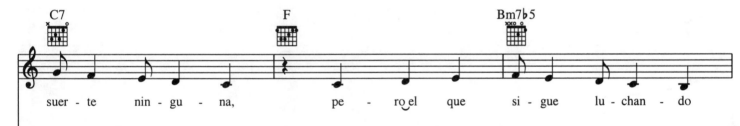

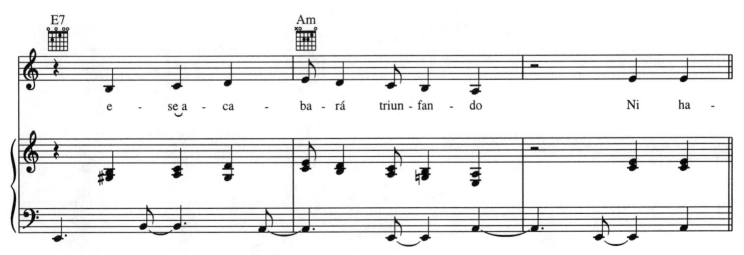

PIEL CANELA

By BOBBY CAPO

PONTE DURO

Words and Music by
JOHNNY PACHECO

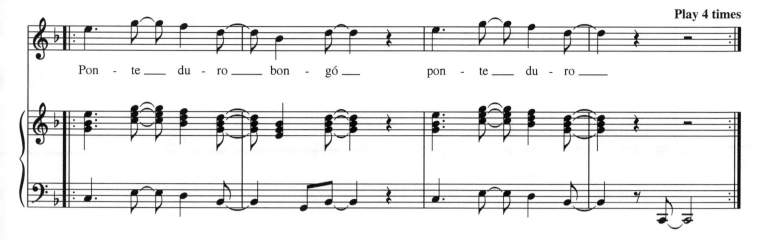

Pon - te — du - ro —— bon - gó —— pon - te — du - ro ——

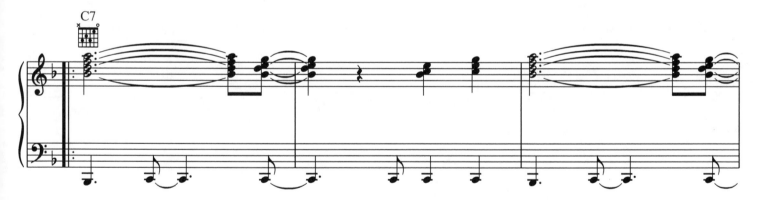

Timbales

Repeat ad lib.

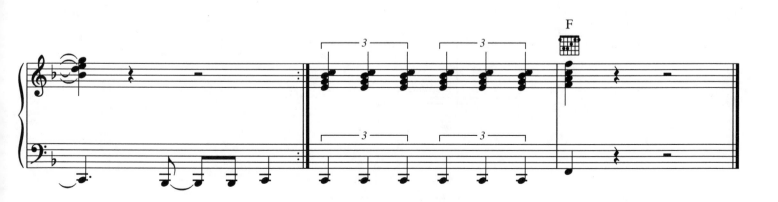

QUÍTATE LA MÁSCARA

Words and Music by
HUGO GONZALEZ

Moderately

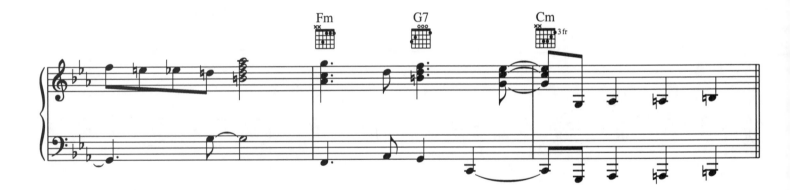

Quí-ta-te la más - ca-ra, ___

quí-ta-te la más - ca-ra, ___

83

quí - ta - te la más - ca - ra, ____

ban - do - le - ra ____
he - chi - ce - ra ____

Cm   G7   1 Cm   2 Cm

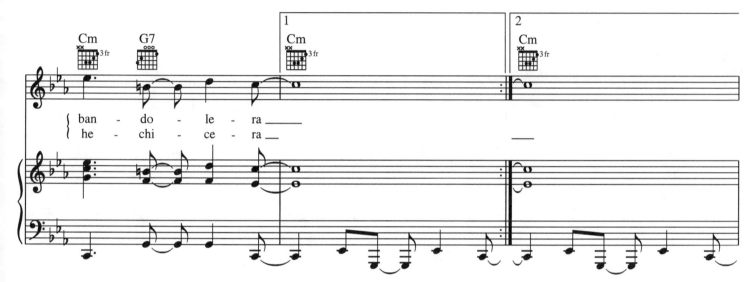

O - ye mi nue - vo gua - guan - có ____ o - ye mi

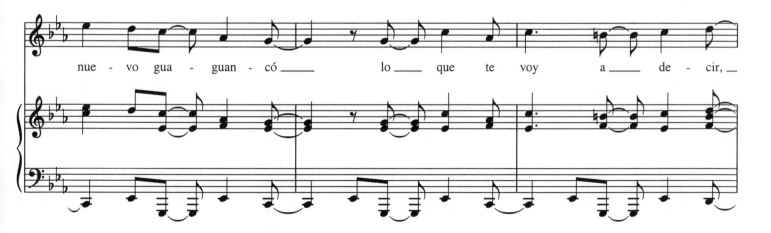

nue - vo gua - guan - có ____ lo ____ que te voy a ____ de - cir, ____

lo __ que te __ voy __ a de-

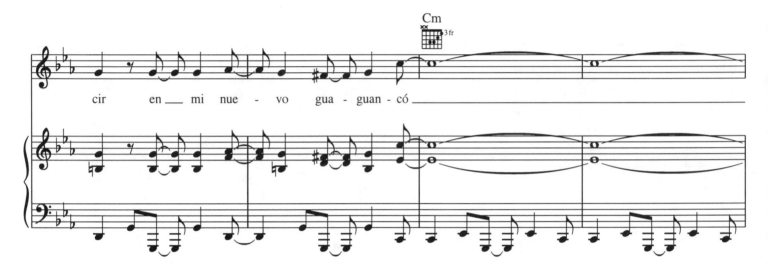

cir en __ mi nue - vo gua - guan - có __

__ lo tu - yo fué ban - di - da - je __ or - ga - ni -

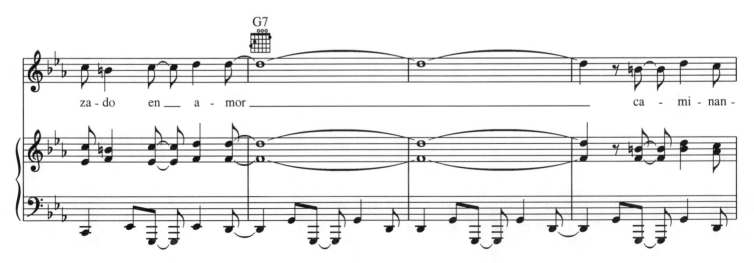

za - do en __ a - mor __ ca - mi - nan-

do co - mo ga - ta __ pa - ra sem - brar el te -

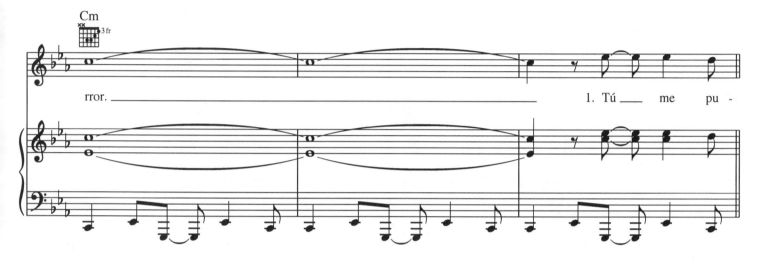

rror. _____ 1. Tú __ me pu -

sis - te la __ tram - pa __ pa - ra __ que en e - lla ca - ye - ra. _____
(2.) hi - jo del __ ca - ri __ ño y tam - bién de la __ dul - zu - ra _____
(3.) *(See additional lyrics)*

_____ Me dis - te a co - mer pan - te - ra __ y tú sa - bor -
_____ con - ti - go yo fui ter - nu - ra __ y tú con - mi -

Additional Lyrics

3. Me diste a comer pescao, sin tú sacarle la espina
De postre diste estrinina con tu sabor a melao.

Tú me pusiste la trampa para que en ella cayera
De rodilla no me toques porque para mi guaguancó

Quítate, quítate la máscara
    quítate la máscara CORO
    quítate la máscara

SOY GUAJIRO

Words and Music by
ISMAEL MIRANDA

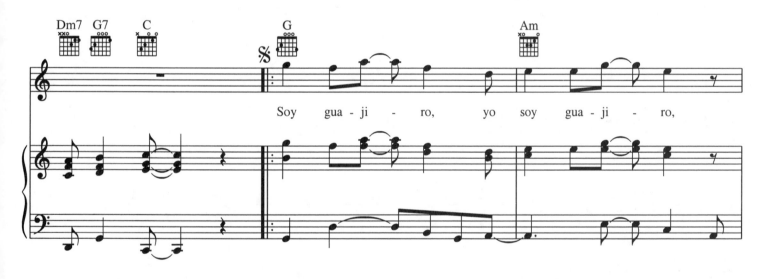

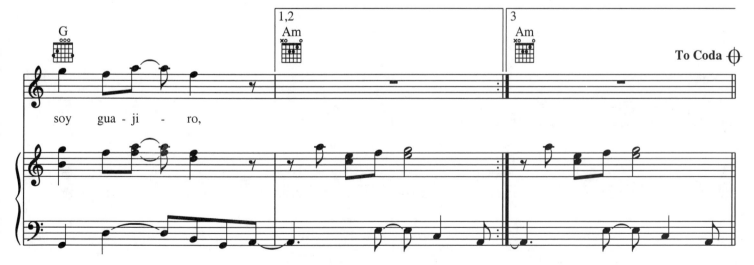

1. Me le-van - to con el can - to
y mi-ro por la ven-ta - na
2.,3. *(See additional lyrics)*

del ga - llo por la ma-ña - na
y_al dar - me_el ai - re me ins - pi - ro

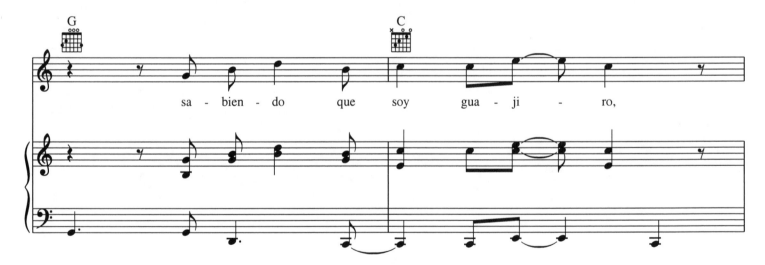

sa - bien - do que soy gua-ji - ro,

D.S. 3 times
(3rd time al Coda)

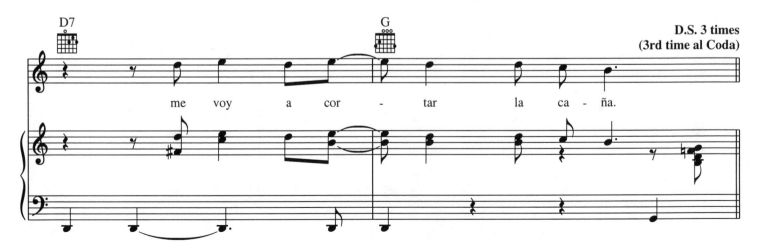

me voy a cor - tar la ca - ña.

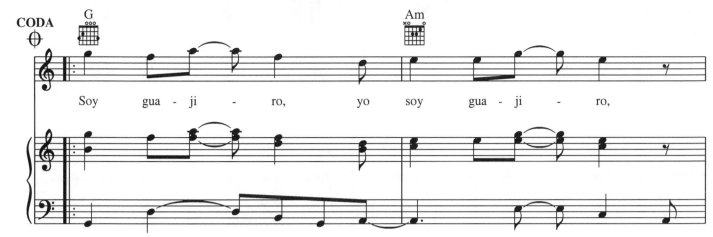

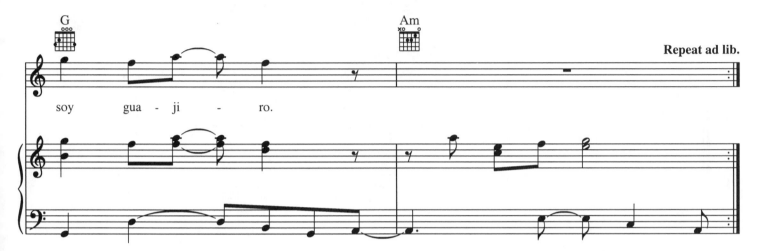

Additional Lyrics

2. Cayendo el atardecer, del mundo en mi bohío,
Paso por la finca mía, bebo el agua de mi río.
Voy donde mi jibarita, que me espera en mi bohío.

3. Ensillo bien mi caballo y me pongo mi sombrero,
Y me dirijo hacia el pueblo, y al llegar allí me río,
Pienso que tranquilidad la que tengo en mi bohío

SOY EL MEJOR

Words and Music by
JOHNNY PACHECO

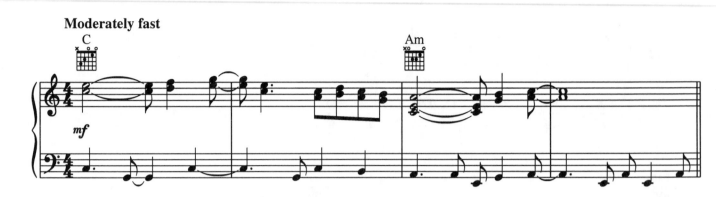

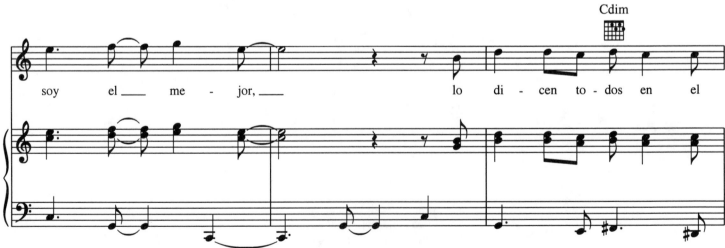

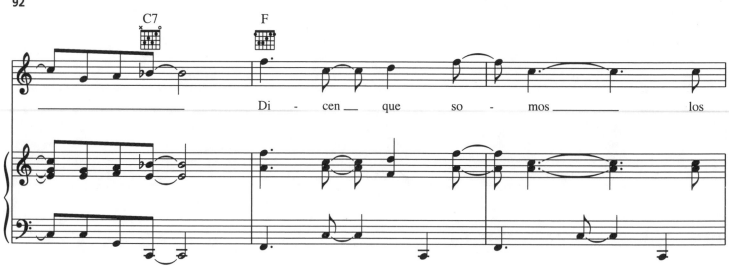

Di - cen que so - mos _____ los

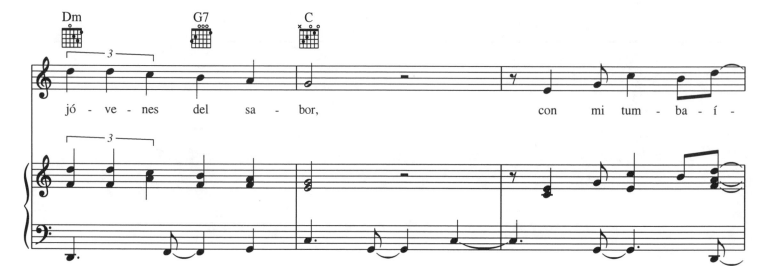

jó - ve - nes del sa - bor, _____ con mi tum - ba - í -

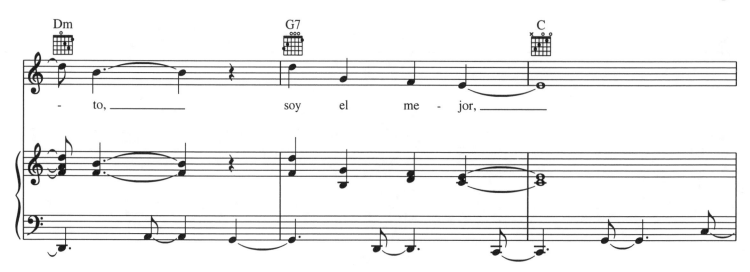

- to, _____ soy el me - jor, _____

con mi tum - ba - í - to _____ soy el me - jor.

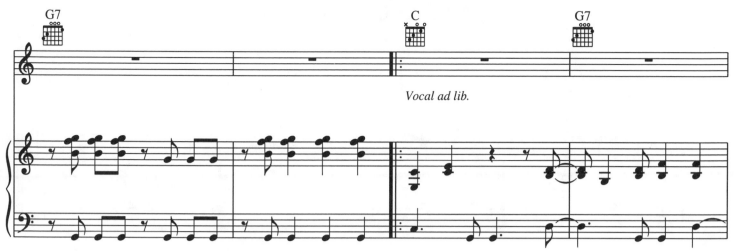

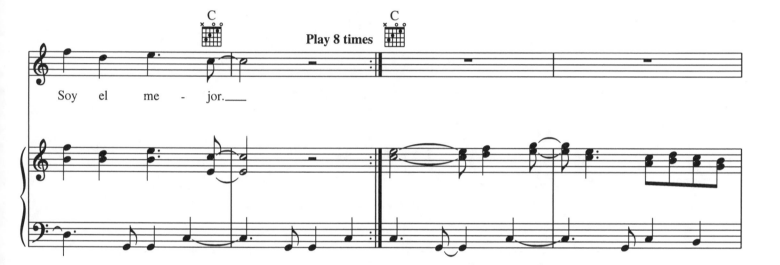

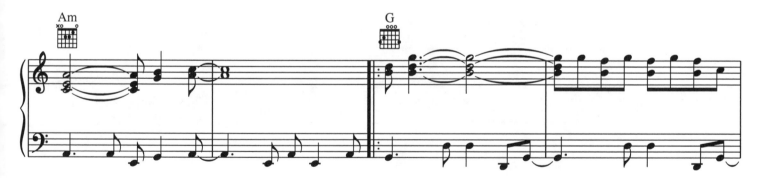

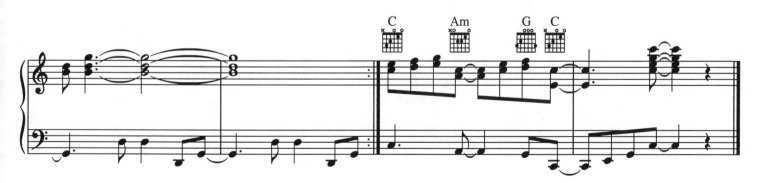

Soy el me - jor.___

TOGETHER

Words and Music by
RAY BARRETTO

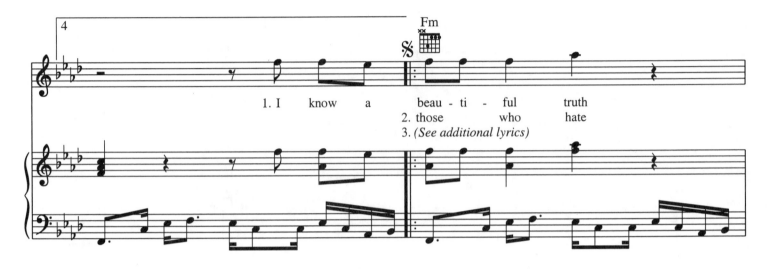

1. I know a beau-ti-ful truth
2. those who hate
3. (See additional lyrics)

and it's helped me be free.
for love of hate

I know I'm black, and I'm white,
and those who hate be-

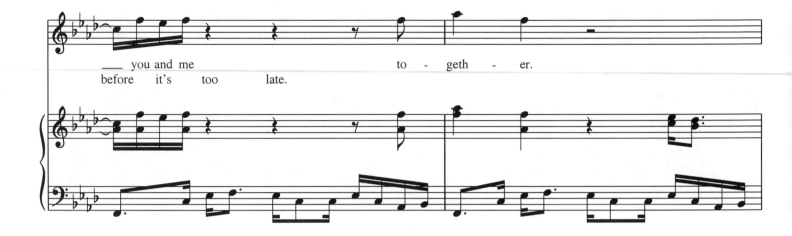

you and me   to - geth - er.
before it's   too   late.

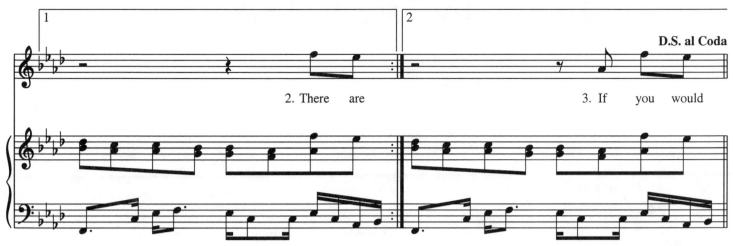

D.S. al Coda

2. There are   3. If you would

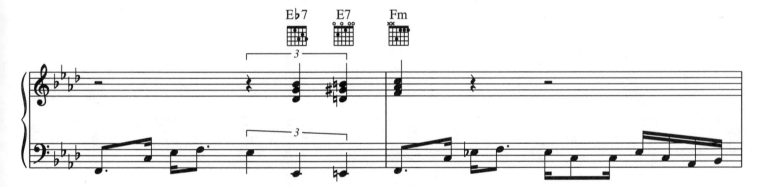

CODA

Fm

Ba - by,   to - geth - er.
(Vocal ad lib. 2nd time)

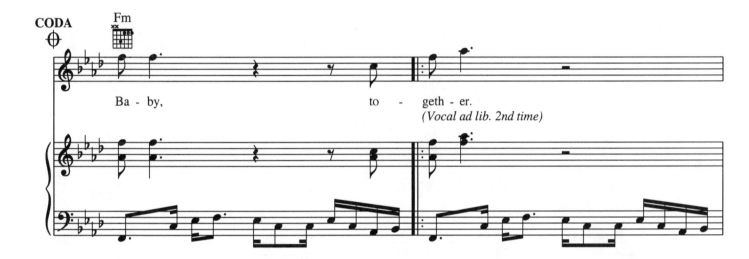

E♭7   E7   Fm

E♭7   E7   Fm

Optional Ending

Repeat and Fade

Additional Lyrics

3. If you would take my hand
   If you would dare to see
   The beauty in this land - that love can set free
   A force to lift us all - it's call humanity
   It's you and me together.

TRES LINDAS CUBANAS

Words and Music by GUILLERMO CASTILLO
and ANTONIO MARÍA ROMEU

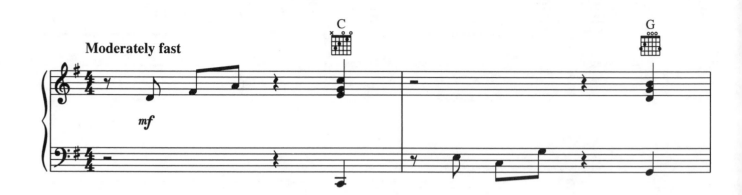

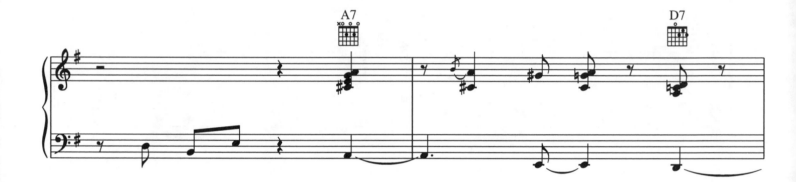

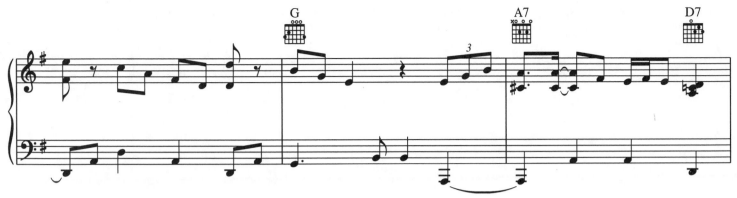

Tres,   tres

lin - das cu-ba - nas.   Tres,

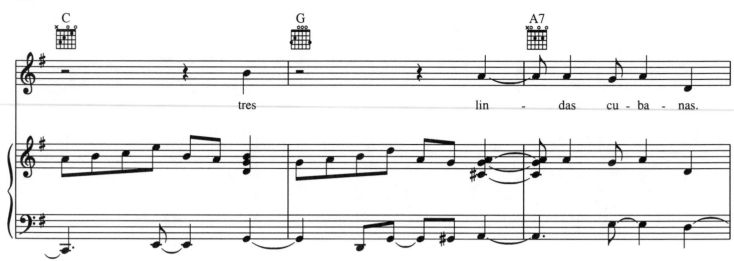

tres   lin - das   cu - ba - nas.

Si   pa - so   poi__ Pa - so   Fran - co   mi__ ne - gra   nun -

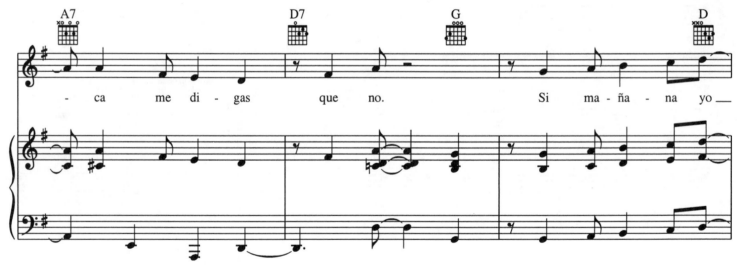

- ca   me   di - gas   que   no.   Si   ma - ña - na   yo__

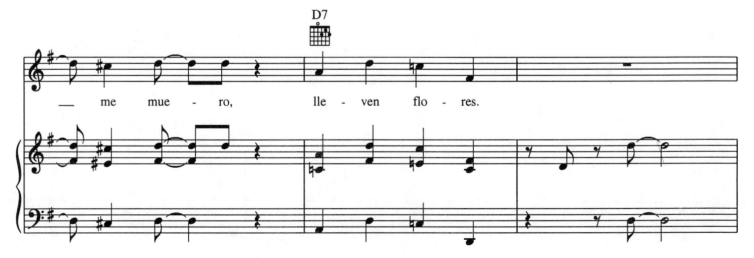

__ me   mue - ro,   lle - ven   flo - res.

mam - bo te - lla - ma. Ah.

Play 4 times

Flute solo ad lib.